D1721618

DIE VERSAMMLUNG, DER CLUB UND DIE GEMEINDE

Santosh Poonen

Die Versammlung, der Club und die Gemeinde

© Santosh Poonen, 2019

Titel der englischen Originalausgabe:
„*The Congregation, The Club and The Church*"
© Santosh Poonen, 2018

Herausgeber: Christian Fellowship Church, Bangalore, Indien
www.cfcindia.com

Herausgeber der deutschen Ausgabe: Neuer Bund Verlag, Bonn
www.neuer-bund-verlag.de

ISBN:
Printausgabe: 978-3-948136-01-7
ePub (Neobooks.com): 978-3-7427-0661-4

Die Bibelzitate sind überwiegend der *Schlachter*-Übersetzung
entnommen. Copyright © 2000 Genfer Bibelgesellschaft.
Wiedergegeben mit freundlicher Genehmigung. Alle Rechte
vorbehalten.

Übersetzung und Koordination: Alois Mair
Lektorat: Silvia Mair
Umschlagfoto: Christian Fellowship Church, Bangalore

Für weitere Details kontaktiere bitte:

Neuer Bund Verlag, Bonn
www.neuer-bund-verlag.de
kontakt@neuer-bund-verlag.de
und/oder
deutsch@cfcindia.com

Inhalt

Kapitel 1

Der neue Wein braucht einen neuen Weinschlauch

(Neuer Wein soll in neue Schläuche gefüllt werden – Lukas 5,38)

In diesem kleinen Buch möchte ich etwas mit euch teilen, was der Herr in meinem Leben über einem Zeitraum von mehreren Jahren getan hat. Es ist eine Lebensweise, die für mich sehr kostbar geworden ist, weil sie so wie alles, was Ewigkeitswert hat, Opfer beinhaltete, um sie zu erfahren.

Wenn wir wirklich die Lehren und das Leben Jesu verstehen möchten, wird es uns zu einem Kreuz bringen – ein Kreuz, an dem wir einige geliebte Dinge, die wir wertschätzen, aufgeben müssen. Und in vielen Bereichen werden uns Opfer abverlangt werden. Dann wird das, was der Herr uns lehren möchte, in unserem Leben eine Realität werden – und wir werden den *ganzen* Plan Gottes für unser Leben verstehen.

Der Bau der Gemeinde des Neuen Bundes [der neutestamentlichen Gemeinde] ist ein Bereich, den Gott für mich sehr kostbar gemacht hat. Der Pfad dahin ist jedoch ein sehr, sehr schmaler.

Das Einzige, was zählt

Jesus sagte, dass der neue Wein in neue Schläuche gefüllt werden muss. Der neue Wein ist Sein Leben, das Er uns durch den Heiligen Geist geben möchte. Der neue Weinschlauch ist die Gemeinde des Neuen Bundes, die Er durch uns bauen möchte, in welcher dieses Leben manifestiert werden soll.

Wenn wir aufrichtig danach trachten, dieses neutestamentliche Leben zu führen, werden wir feststellen, dass wir viele Schichten von *Selbstsucht* (wie die Schichten einer Zwiebel) abschälen müssen, so wie Gott sie uns nach und nach zeigt. Dasselbe trifft zu, wenn wir danach trachten, eine Gemeinde des Neuen Bundes zu bauen.

Der *alte Weinschlauch* ist eine Gemeinde [Kirche], die auf menschlichen Traditionen statt auf dem Wort Gottes gegründet ist. Auch dieser hat viele Schichten. Wenn der Herr uns diese Schichten zeigt, müssen wir sie abschälen. Leider machen viele Christen, die Gemeinden des Neuen Bundes bauen möchten, an irgendeinem Punkt Halt – obwohl es noch immer viele Schichten des alten Weinschlauchs gibt, die abgeschält werden müssen. Sie haben nur einige der offensichtlichen menschlichen und glaubensgemeinschaftlichen Traditionen abgeschält, mit denen sie aufgewachsen sind. Aber der Herr möchte, dass wir den alten Weinschlauch *vollständig* loswerden. Er möchte, dass Sein neuer Wein in einem völlig neuen Weinschlauch enthalten ist.

Ich kannte die Lehre über den neuen Wein und den neuen Weinschlauch und was es wirklich bedeutet, die Gemeinde als den Leib Christi zu bauen, seit Jahren – *theoretisch*. Aber das Ganze war nur Kopfwissen, dass ich angesammelt hatte, indem ich mehr Predigten darüber als andere gehört hatte. Als ich aufwuchs, hörte ich von meinem Vater jeden Sonntag Predigten über den Neuen Bund. Ich hörte ihn auch zuhause – von Montag bis Samstag. Aber all dieses Wissen war dennoch nur in meinem Kopf. Es dauerte viele Jahre bis diese Wahrheiten von meinem Kopf in mein Herz sanken, als ich schließlich erkannte, dass dies der einzige Weg war, wie ich dem Herrn dienen konnte.

Jesus ist in meinem Leben jetzt die *einzige Person*. Jede andere Beziehung entspringt aus meiner Beziehung zu Ihm. Und daher ist der Bau der Gemeinde als der Leib Christi für mich in meinem *Dienst für den Herrn* jetzt *das Einzige*.

Warum wählte unser Herr Jesus jeden Tag Seines irdischen Lebens den Weg des Kreuzes? Die Bibel sagt, dass es wegen *„der Freude, die vor ihm lag"*, war (*Hebräer 12,2*).

Was war diese Freude, die vor Ihm lag?

In *Johannes 14* lesen wir Jesu Abschiedsworte an Seine Jünger, bevor Er ans Kreuz ging. Ich schätze die Tatsache sehr, dass der Apostel Johannes fünf Kapitel verwandte, um uns Jesu Abschiedsworte beim letzten Abendmahl zu überliefern. Dort sagte Jesus: *„Steht auf, und lasst uns von hier fortgehen!"* Er ging zu Seiner Kreuzigung. Aber vor diesen Worten sagte er: *„Damit aber die Welt erkennt, dass ich den Vater liebe und so handle, wie es mir der Vater geboten hat"* (*Johannes 14,30*). Das war Seine Freude – die Freude, immer in Unterordnung und Gehorsam zu Seinem Vater und somit in Gemeinschaft mit Ihm zu sein, so wie es für Ihn seit aller Ewigkeit her gewesen war.

Daher ging Jesus *zuallererst aus Liebe zu Seinem Vater und aus Unterordnung gegenüber Seinem Gebot* – und *dann* aus Liebe zu uns allen – ans Kreuz.

Ich möchte diesen Punkt betonen, weil das der einzige Weg ist, wie auch wir Seine Gemeinde bauen können. Jedes Verlangen, Sünde zu überwinden und das Werk des Herrn zu tun, muss *zuerst aus einer Liebe zum Vater* kommen, die zum Gehorsam zu Seinen Geboten führt –, und zweitens aus einer Liebe für Menschen. Wir brauchen Mitgefühl für Menschen, wenn wir die Gemeinde bauen wollen. Aber *vor* diesem Mitgefühl muss es eine Liebe zu unserem himmlischen Vater geben – eine leidenschaftliche Liebe, die uns das Verlangen gibt, Seinen Geboten zu gehorchen.

Das sind die zwei unerlässlichen, notwendigen Voraussetzungen, um eine Gemeinde des Neuen Bundes zu bauen: Liebe für den Vater und Liebe für andere Menschen. Diese können durch die beiden Balken des Kreuzes dargestellt werden – dem vertikalen und dem horizontalen Balken. Wenn man nur einen dieser beiden Balken hat – den vertikalen oder den horizontalen –, ergibt das noch kein Kreuz.

Im Kreuz sehen wir ein schönes Bild der wechselseitigen Beziehung, die definiert, wie wir jeden Tag unseres Lebens das Kreuz tragen sollten.

In den folgenden Kapiteln möchte ich aufzeigen, was es bedeutet, in unserem Leben beide Balken des Kreuzes zu haben, und wie diese zwei gemeinsam uns helfen können, Gemeinden des Neuen Bundes zu bauen.

KAPITEL 2

Der vertikale Balken des Kreuzes

Der vertikale Balken des Kreuzes stellt die Liebe zu Gott, unserem Vater, dar – und *das muss zuerst kommen*. Als sie das Kreuz anfertigten, an dem Jesus starb, begannen sie zuerst mit dem vertikalen Balken. Und dieser Balken musste ungefähr die *doppelte* Länge des horizontalen Balkens haben.

Die symbolische Bedeutung davon ist, dass die vertikale Beziehung mit unserem Vater im Himmel höchst wichtig ist. Diese muss zuerst kommen. Erst danach muss unsere horizontale Beziehung mit anderen kommen.

Dem Beispiel Jesu folgen

Bevor Jesus das Kreuz auf den Hügel Golgatha trug, trug Er während Seines ganzen irdischen Lebens ein innerliches Kreuz. Er hatte an *jedem der mehr als 12.000 Tage* Seines irdischen Lebens ein innerliches Kreuz getragen. Und Er sagt zu uns: *„Wenn ihr mir nachfolgen wollt, müsst auch ihr jeden Tag euer Kreuz auf euch nehmen"* (*Lukas 9,23;* frei übersetzt). Das Prinzip, nach dem Jesus jeden einzelnen jener mehr als 12.000 Tage auf Erden lebte, war dies: *„Mein Leben wird zuerst von Meiner Liebe zu Meinem Vater und dem Gehorsam zu Seinen Geboten bestimmt; und dann von Meiner Liebe zu anderen Menschen."*

Das Kreuz Christi
* *Johannes 14,31*

1. **Zuerst** unsere Liebe zum Vater
2. **Dann** aus Liebe zu uns
   (weil es der Vater befohlen hat)

* Dargestellt durch den vertikalen und horizontalen Balken des Kreuzes

Liebe zum Vater

Liebe zu anderen

Das war der Grund, warum Jesus 30 Jahre in Seinem Elternhaus leben konnte und sich Seinen irdischen Eltern unterordnete. Wie viele Versuchungen, ungehorsam und irritiert zu sein muss Er zu überwinden gehabt haben, um dem unvollkommenen Joseph und der unvollkommenen Maria 30 Jahre lang, *jeden Tag stillschweigend* zu gehorchen. Aber Er tat das mit frohem Herzen um *„der vor ihm liegenden Freude willen"* – die Freude der Gemeinschaft mit dem Vater durch Gehorsam gegenüber dem Gebot Seines Vaters, das besagte, *„Ehre deinen Vater und deine Mutter"*.

Diese Einstellung, das Kreuz auf sich zu nehmen und dem Vater in jedem Bereich zu gehorchen, setzte sich bis zum Ende Seines irdischen Lebens fort. Jesus selbst war der erste Leib Christi – und Er trug das Kreuz jeden Tag, 33½ Jahre lang. Heute müssen wir, die Glieder Seines geistlichen Leibes, dasselbe tun.

Die Gemeinde Jesu Christi muss eine Gemeinde von Jüngern und nicht bloß von Bekehrten sein. Ein Jünger ist jemand, der sein *selbstzentriertes Leben* [Ich-Leben] verleugnet und jeden Tag sein Kreuz trägt (*Lukas 9,23*). Wenn wir daher den *neuen Wein* (das Leben Jesu) in einem *neuen Weinschlauch* (einer Gemeinde des Neuen Bundes) haben möchten, müssen wir uns selbst verleugnen, jeden Tag das Kreuz auf uns nehmen und Jesus nachfolgen. Nur dann können wir die Gemeinde als den Leib Christi bauen.

Das verborgene Leben eines Gläubigen

Für den Bau der Gemeinde ist die vertikale Beziehung mit unserem Herrn äußerst wichtig. Und diese Beziehung mit dem Herrn ist eine verborgene, in unserem privaten Leben. Der Teufel verführt viele Christen zu glauben, dass ihre Hingabe an Gott das ist, was äußerlich sichtbar wird. Aber wahre Hingabe an Gott ist 100% innerlich – am verborgenen Ort. Es ist unser verborgenes Leben.

Der Neue Bund befasst sich in erster Linie mit unseren inneren **Einstellungen, Gedanken** *und* **Motiven**.

In der Bergpredigt sprach Jesus über das verborgene Leben. Im Neuen Bund ist es nicht mehr länger eine Frage, Ehebruch bloß zu meiden (so wie im Alten Bund). Nun müssen wir auch sündige sexuelle *Gedanken* hassen. Was im Alten Bund zählte war wie viel man gab, wie viel man betete und wie viel man fastete. Aber Jesus kam und sagte, dass wir nun im Verborgenen geben, beten und fasten müssen, ohne jemand anderen wissen zu lassen, dass wir mit diesen Aktivitäten beschäftigt sind. Das ist der neue Wein des Neuen Bundes. Wenn wir die Wichtigkeit, unsere innere Hingabe an Christus zu *verbergen*, nicht verstanden haben, dann haben wir das fundamentale Prinzip des Neuen Bundes nicht verstanden. Unsere Hingabe an Ihn muss stets im Verborgenen geschehen.

Unser Leben muss „*mit Christus in Gott verborgen sein*" (*Kolosser 3,3*). Das ist eine wunderbare Weise zu leben. Je mehr wir unsere Hingabe an Christus vor anderen verbergen, desto mehr werden wir die Geheimnisse des Herrn lernen. Wir müssen im Verborgenen Zeiten der Intimität mit unserem Bräutigam haben, von denen niemand weiß. Die beste Ehe ist eine solche, wo der Ehemann und die Ehefrau die Freude der gegenseitigen Gemeinschaft gelernt haben, ohne dass jemand anders dabei ist – ohne dass sich jemand auch nur dessen bewusst ist, dass sie Zeit miteinander verbringen. Jesus baut heute Seine Gemeinde mit Menschen, die diesen Geist einer hingebungsvollen Braut haben.

Nachdem der vertikale Balken (unsere Liebe zum Vater und eine inbrünstige Hingabe an Christus) hingelegt worden ist, kann dann der horizontale Balken (unsere Liebe füreinander) darüber gelegt werden. Dann ist das Kreuz vollständig, auf dem wir uns mit Freude hinlegen und gekreuzigt werden können!

KAPITEL 3

Der horizontale Balken des Kreuzes

Wenn du versuchst, einen horizontalen Balken in der Luft aufzuhängen, wird er herunterfallen. Aber wenn du ihn auf einen vertikalen Balken nagelst, dann wird er fest bleiben – und zu einem Kreuz werden. Der vertikale Balken muss jedoch zuerst kommen.

Die Gemeinden, die wir bauen, müssen Gemeinden des Neuen Bundes sein. Solche Gemeinden können nur von denen gebaut werden, die sich entscheiden, nach diesem Prinzip zu leben: *„Ich möchte nicht tun, was* **ich** *tun möchte. Ich möchte nur tun, was* **mein himmlischer Vater** *möchte."*

Leider hat die große Mehrheit der Christen nicht diese Einstellung. Mein eigenes Leben war einst auch so. Ich suchte mein eigenes Ding und tat, was ich tun wollte, während ich mich selbst als einen Christen bezeichnete! Ich wollte ein Teil einer Gemeinde sein, die zu meinen eigenen Vorstellungen über „Gemeinde" passte. Ich wollte Gemeinschaft mit Menschen bauen, die in jeder Hinsicht wie ich waren. Ich verbrachte meine Zeit mit Menschen, die ich mochte. Und wenn irgendein Bruder mich auf eine verkehrte Weise behandelte, mied ich ihn. Das war kein Wandel gemäß dem Weg des Kreuzes. Wir können den Leib Christi niemals bauen, wenn wir an dieser Mentalität festhalten. Es ist möglich, ausgezeichnete Lehre zu empfangen und dennoch nicht den Weg des Kreuzes zu gehen.

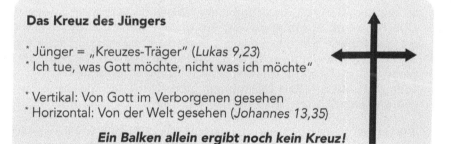

Das Kreuz des Jüngers

* Jünger = „Kreuzes-Träger" (*Lukas 9,23*)
* Ich tue, was Gott möchte, nicht was ich möchte"

* Vertikal: Von Gott im Verborgenen gesehen
* Horizontal: Von der Welt gesehen (*Johannes 13,35*)

Ein Balken allein ergibt noch kein Kreuz!

Was ist ein wahrer Jünger Jesu?

Ich dachte jahrelang, dass der Beweis dafür, dass wir Jünger Jesu sind, darin bestand, dass wir einander liebten, weil Jesus sagte: *„Daran wird jedermann erkennen, dass ihr meine Jünger seid, wenn ihr Liebe untereinander habt"* (*Johannes 13,35*). Ich dachte, das bedeutete, dass ich beweise, dass ich ein Jünger Jesu bin, indem ich meine Brüder und Schwestern in der Gemeinde, die ich besuche, liebe. Aber wenn du diesen Vers sorgfältig liest, wirst du feststellen, dass sich das auf den **Beweis**, dass wir Jünger sind, bezieht – auf die Art und Weise, wie **andere** (Nicht-Christen) uns als Jesu Jünger **identifizieren**. Das ist der *horizontale* Balken des Kreuzes.

Aber Jesus hatte vorher gesagt, dass die **Bedingung**, ein Jünger zu sein, darin bestand, unser eigenes Ich zu verleugnen und unseren Eigenwillen zu kreuzigen (*Lukas 9,23*). Gott muss zuerst sehen, dass du in diesen Bereichen deines Lebens ein Jünger bist, wo dich niemand sieht – in deinem Herzen, in deinem inneren Leben. Wenn Gott sieht, dass du dich täglich selbst verleugnest, dann bescheinigt Er dir, dass du ein **„Lukas 9,23-Christ"** bist – und das ist die einzige Art eines Christen, die es wirklich gibt. *„Die Jünger wurden Christen genannt"* (*Apostelgeschichte 11,26*).

Danach wird der Beweis für die Welt um dich herum, dass du ein Jünger Jesu bist, darin bestehen, dass du andere Jünger Jesu liebst.

Aber beachte erneut, dass der vertikale Balken zuerst kommt – dass Gott in der Lage ist, Deine Liebe zu Ihm zu bezeugen. Lass dich also nicht verführen zu glauben, dass du ein Jünger Jesu bist, wenn du andere Menschen in einer örtlichen Gemeinde liebst. Eine menschliche Liebe für andere kann dich verführen zu denken, dass du ein Jünger bist. Wenn du gerne mit anderen Gläubigen am Sonntag zusammen bist, beweist das nicht, dass du ein Jünger bist. Du beweist, dass du am Montag, Dienstag, Mittwoch, Donnerstag, Freitag und Samstag ein Jünger bist, wenn du dich nicht unbedingt mit anderen Christen triffst – indem du dich selbst verleugnest und Jesus inbrünstig liebst. Mit anderen Worten, du lebst Tag für Tag vor Seinem Angesicht.

Für einen wahren Jünger Jesu ist jeder Tag der Woche genau derselbe, weil er in erster Linie Gemeinschaft mit seinem Bräutigam sucht. Seine Gemeinschaft mit anderen Jüngern fließt nur aus dieser seiner Gemeinschaft mit dem Herrn. Ein solcher Jünger ist niemals davon berührt, wenn jemand sich der Gemeinde anschließt oder sie verlässt. Die wahre Gemeinde kann nur mit Jüngern gebaut werden, für die Jesus der Einzige ist, der in ihrem Leben von Bedeutung ist.

Wie ich vorhin gesagt habe, ergibt ein Balken allein noch kein Kreuz, ob es nun der vertikale oder der horizontale Balken ist. Leider fallen die meisten Gläubigen in den meisten Gemeinden in diese beiden Kategorien – indem sie entweder den vertikalen Balken allein oder den horizontalen Balken allein betonen.

Es gibt drei Arten von Zusammenkünften von Christen, die ich gesehen habe. Es sind dies:

1. Versammlungen [Kongregationen]
2. Clubs [Vereine]
3. Örtliche Ausdrücke der wahren Gemeinde [Kirche]

Und die letzte dieser drei ist die Einzige, die der neue Weinschlauch für den neuen Wein ist.

KAPITEL 4

Die Versammlung

Die *Versammlung* ist eine Ansammlung von vertikalen Balken. Viele Gemeinden, die ich gesehen habe, sind so. In einer *guten* Versammlung sind die Leute nur an ihrem persönlichen Wandel mit Gott, an Bibelstudien und an doktrinärer Reinheit interessiert. Aber sie sind alle *individuelle Balken* unterschiedlicher Größe (unterschiedliche Stufen der Hingabe an den Herrn). Sie bauen keine Gemeinschaft *miteinander* – und sie meiden jeden, mit dem sie anecken. Ich war selber jahrelang ein Mitglied einer Versammlung. Da ich viele Jahre wunderbare Wahrheiten gehört hatte, war ich damit zufrieden, dass mein persönlicher Wandel mit Gott in Ordnung war. Aber wie Johannes sagt, *„Wie kannst du behaupten, Gott zu lieben, wenn du deinen Bruder nicht liebst, **den du siehst?**"* (*1. Johannes 4,20*). Das ist ein Vers, dem Leute in *„Versammlungen"* wenig Aufmerksamkeit schenken.

Was Johannes hier sagt ist, dass du denken magst, du hättest ein Kreuz, bloß weil du einen vertikalen Balken hast. Du hast ein gewisses Maß an äußerlicher Heiligkeit, aber du hast keine Gemeinschaft mit anderen in deiner Versammlung.

Die Versammlung
* Eine Ansammlung vertikaler Balken

* Weinschlauch: **Alter Bund**
 * Übereinstimmung in Doktrinen
 * Die Hingabe an Gott ist <u>äußerlich</u> (*2. Mose 40*)
 * Die Sprache ist <u>religiös</u> (*Psalm 40,10–11*)
 * Die Anbetung ist <u>seelisch</u> (*Psalm 149,1*)

Vertikale Balken, die nie zu einem Kreuz werden, bleiben allein (*Johannes 12,24*)

Die „Versammlung" ist das alttestamentliche Muster

Im Muster der Versammlung sind die Leute isolierte Brüder und Schwestern, die nicht danach trachten, miteinander *Gemeinschaft* zu bauen, obwohl sie *Freundschaft* miteinander haben können. Sie verbringen keine Zeit miteinander, um einander in Liebe zu erbauen. So war es unter dem Alten Bund in Israel.

In einem solchen System mögen sogar ein Ehemann und eine Ehefrau nicht viel Gemeinschaft miteinander haben, weil einer von ihnen „supergeistlich" ist! Sagen wir einmal, die Frau, um nur ein Beispiel zu nennen, ist mit der Versorgung der Kinder überlastet ist, während der Ehemann fleißig seine „stille Zeit" hält und über Gottes Wort meditiert, statt ihr zu helfen! Ein solcher Mensch hat eine „Versammlungs"-Mentalität.

Ich frage mich, ob eine solche Person wirklich ein Christ genannt werden kann. Er kann sich einbilden, dass er geistlich und ein Jünger Christi ist, weil er die Bibel liest, betet und der Gemeinde Geld gibt. Aber das alles ist eine Selbsttäuschung. Der Teufel hat viele Christen auf diese Weise getäuscht – genauso wie er mich jahrelang getäuscht hatte zu denken, dass meine äußerlichen *„christlichen"* Aktivitäten mich zu einem Jünger Christi machten.

Das ist die Religion des Alten Bundes – und das Wort *„Versammlung"* ist tatsächlich ein alttestamentliches Wort.

Als Mose den Israeliten das Gesetz gab, waren sie eine Versammlung. Als Gott ihnen detaillierte Gebote gab, wie sie anbeten sollten, wenn sie sich versammelten, waren sie eine Ansammlung von separaten Individuen. Sie waren Individuen, die Gott einlud, ein heiliges Leben zu führen.

In Israels Geschichte hatten sie *„Solo-Leiter"* wie Mose und *„Solo-Propheten"* wie Elia. Aber wir sehen dort nie, dass zwei Leiter oder Propheten zusammenarbeiteten, um miteinander Gemeinschaft zu bauen und das Werk Gottes in Israel *gemeinsam* zu tun. Eine solche Gemeinschaft ist nur unter dem Neuen Bund möglich. Es ist das Prinzip von *„neuem Wein in neuen Schläuchen"*.

Unter dem Alten Bund kümmerten sich die Israeliten bloß um ihr eigenes Leben und ihre Familien. Auch wenn einige von ihnen heilig waren, hatten sie keine Gemeinschaft mit anderen. Das Wort *„Gemeinschaft"* existierte unter dem Alten Bund nicht. Sie waren *„Einzelkämpfer"* – einige von ihnen liebten es, Dinge für Gott zu tun. Aber sie sehnten sich nicht danach, miteinander Gemeinschaft in einem *„Leib"* zu bauen oder miteinander als Mitglieder eines *„Leibes"* zusammenzuarbeiten – weil *sie unter dem Alten Bund kein Leib sein konnten*. Sie waren bloß eine *Versammlung*.

Der neue Wein und der neue Weinschlauch

Aber nun ist der Neue Bund durch unseren Herrn geschlossen
worden. Wenn wir wiedergeboren werden, empfangen wir das
Leben Christi – den neuen Wein. Dieses Leben soll nicht individuell (im alten Weinschlauch) geführt werden. Wenn wir versuchen,
dieses Leben Christi einem selbstsüchtigen Lebensstil anzupassen
– wo wir nur an uns selbst und an unsere Familie denken, ohne
Gemeinschaft mit anderen wiedergeborenen Christen in unserer
örtlichen Gemeinde zu bauen –, dann wird unser Leben (der alte
Weinschlauch) zerbersten, so wie Jesus uns warnte. Gott füllt uns
mit Seinem Heiligen Geist (*dem neuen Wein*) und möchte, dass er
in den neuen Weinschlauch (*den Leib Christi*) geschüttet wird.

Ich weiß, dass es für jeden von uns Hoffnung gibt, in dieses Leben
einzutreten, weil ich sehe, was Gott für mich getan hat. Gott erwies
mir Barmherzigkeit, als ich ein Christ in einer *„Versammlung"* war,
und alles in meinem Leben zerplatzte und fiel auseinander. Dann
sagte Gott zu mir (gleichsam): „Wirst du mir jetzt erlauben, diesen
neuen Wein in einen neuen Schlauch zu füllen?" Das Gute am
Zerbersten war, dass ich den alten Weinschlauch loswurde! Es war
gut, dass Gott erlaubte, dass mein alter Weinschlauch zerplatzte.
Ich erkannte dann, dass ich meinen Glauben in das, was irdisch
und nicht himmlisch ist, gesetzt hatte. Ich hatte meinen Glauben in
die Traditionen von Menschen und in meine eigenen Vorstellungen
über den Bau der Gemeinde gesetzt.

Hingabe an Gott ist für viele Christen oft etwas Äußerliches.
Sie besuchen all die Versammlungen der Gemeinde, sie beten,
sitzen andächtig da und alle sprechen eine religiöse Sprache.
Solche äußerlichen Handlungen können dazu führen, dass sie
sich einbilden, sie seien geistlich. Aber man kann mit ihnen nicht
über praktische Aspekte des täglichen Lebens sprechen, weil ein
solches Gespräch als *„ungeistlich und weltlich"* betrachtet würde!
Sie können nur über *„religiöse"* Dinge sprechen. Es ist ein falsches
Christentum, das uns nicht erlaubt, über gewöhnliche, tägliche
Angelegenheiten miteinander zu sprechen.

Als Jesus zu Seinen Jüngern und zu den Leuten in Seiner
Umgebung sprach, hat Er ihnen nicht immer Verse aus dem Alten
Testament zitiert. Er tat das, wenn es notwendig war – z.B. wenn
Er zu Satan sprach oder wenn Er die Fragen der Pharisäer beant-
wortete. Aber die meiste Zeit sprach Er zu Seinen Jüngern über
gewöhnliche, tägliche Angelegenheiten. Er handelte oder sprach
nie mit einer *falschen* Geistlichkeit. Und dadurch hat Er uns
gezeigt, was der neue Wein wirklich ist.

Die Verwendung von religiöser Sprache kann uns den falschen Eindruck geben, dass wir die Gemeinde mit anderen um uns herum bauen, die auch dieselbe religiöse Sprache sprechen. Wir können einander Bibelverse zitieren und untereinander teilen, was wir von diesen Versen in den Versammlungen erhalten haben – und uns dann einbilden, dass dies Geistlichkeit sei. Aber das wird nur zu einem *seelischen* Leben führen.

Das Weizenkorn muss in die Erde fallen und sterben

Denkt an die heutigen Mega-Gemeinden, deren Versammlungen Tausende von Menschen besuchen. In ihnen mag es nicht einmal zwei Menschen geben, die eine echte, göttliche Gemeinschaft miteinander haben. Sie werden durch kraftvolle seelische Musik und wortgewandte seelische Predigten zusammengehalten. Das ist kein Ausdruck des Leibes Christi. Das sind Ansammlungen von vertikalen Balken, die individuell über ihre Beziehung mit Gott allein nachdenken. Aber das ist eine Täuschung, weil es keinen horizontalen Balken gibt. Und daher gibt es kein Kreuz.

Jesus sagte: *„Wenn das Weizenkorn nicht in die Erde fällt und stirbt, so bleibt es allein (Johannes 12,24).* Echte Frucht, die in Ewigkeit währt, kann nur von Weizenkörnern kommen, die sich selbst sterben. 10.000 einzelne Weizenkörner können in einer goldenen Vitrine zur Schau gestellt werden – und das wird die Welt beeindrucken. Man kann Tausende solcher Weizenkörner in den Kirchenbänken der Mega-Gemeinden nebeneinander sitzen sehen. Wenn ich das sehe, denke ich: „Selbst wenn nur zwei Weizenkörner willig gewesen wären, sich selbst zu sterben und Gemeinschaft miteinander zu bauen, hätte Gott unter einem dortigen Überrest ein Werk beginnen können, das der Welt in ihrem Umfeld wirklich den Leib Christi hätte offenbaren können."

Möge Gott uns davor bewahren, eine große Anzahl von Menschen in unserer Gemeinde zu versammeln, die alle Weizenkörner sind, die unwillig sind, in die Erde zu fallen und zu sterben. Dann fügt Er diesem Weizenkorn ein weiteres hinzu und dann ein weiteres, und dann ein weiteres. Auf diese Weise wird die Gemeinde als der Leib Christi gebaut, der eine hungrige Welt speisen kann. Aber Weizenkörner, die nicht sterben, ärgern nur die hungrigen, bedürftigen Menschen in der Welt mit dem Vorwand, was sie sein könnten – *Bilder* von Brot anstatt wahres Brot. Jesus sagte, dass ein Weizenkorn, wenn es in die Erde fällt und stirbt, *(auf jeden Fall) viel Frucht* bringen wird.

Ein Weizenkorn ist so klein, dass du es kaum sehen kannst, wenn du es zwischen den Fingern hältst. Genauso mögt ihr eine kleine, unbekannte Gruppe von einigen Gläubigen sein, die sich irgendwo treffen, die von anderen christlichen Gruppen und Kirchen gebrandmarkt und verachtet werden. Lasst euch nicht entmutigen. Andere Mega-Gemeinden um euch herum mögen ihre berühmten Pastoren haben und beeindruckende Berichte über ihr Werk veröffentlichen und enorme Gehälter verdienen und schicke Autos fahren. Sie mögen das tun. Beneidet sie nicht. Unsere Berufung ist es, in die Erde zu fallen und zu sterben. Der Herr wird durch uns Frucht bringen, die in Ewigkeit währen wird. Das ist Seine Verheißung. Das ist das Geheimnis davon, die wahre Gemeinde zu bauen.

KAPITEL 5

Der Club

Der *„Club"* ist das Gegenteil von der „Versammlung".

Die Versammlung war, wie wir gesehen haben, diese vertikalen Balken unterschiedlicher Größe die nebeneinander gestapelt sind – einige von ihnen haben mehr Hingabe an den Herrn und andere weniger. Aber sie haben keine Gemeinschaft miteinander.

Der *Club* jedoch besteht aus Menschen, die sich umeinander kümmern. Das ist für einige vielleicht eine größere Gefahr, weil es leicht ist, sich mit den *Versammlungen* in unserer Umgebung zu vergleichen und zu sagen: „Okay, wir werden uns jetzt alle umeinander kümmern." Daher reden wir freundlich miteinander und denken, dass wir gute Gemeinschaft miteinander haben. Es ist dann leicht, sich einzubilden, dass wir geistlich sind, weil wir in Bezug auf Doktrinen alle gleich denken, wir kleiden uns ähnlich usw. Aber wir sind immer noch bloß hölzerne Balken – alle aus derselben Gussform auf dieselbe Größe zugeschnitten.

Der Club
* Eine Ansammlung von gleichförmigen, horizontalen Balken

* Weinschlauch: **Kein Bund**
  * Hingabe an Gott <u>fehlt</u> meistens
  * Betonung auf <u>Treue</u>, basierend auf Freundschaft
  * Zahlreiche religiöse <u>Aktivitäten</u>

* Resultat:
  * Sicherheit in Mensch/Gemeinde, statt in Gott
  * Mitglieder erwarten, verhätschelt zu werden
  * Mitglieder nehmen Anstoß, wenn sie korrigiert werden
  * Jahr für Jahr kein geistliches Wachstum; Rückfälligkeit

Der Club ist eine „Kein Bund"-Religion

Wenn wir die Wichtigkeit von horizontalen Beziehungen miteinander verstanden haben, besteht die größte Gefahr für uns darin, dass wir ein Club werden. Wir laden andere ein, sich uns anzuschließen, aber wir erwarten von ihnen allen, dass sie sind wie wir, dass sie sprechen wie wir und handeln wie wir. Auf diese Weise werden wir zu einem Club von Menschen, die alle genau gleich sind – oder wie einige sagen, Christen in derselben *„Plätzchenform"* – alle in derselben Form und Größe ausgeschnitten! Unsere Beziehung miteinander basiert dann auf der Tatsache, dass wir alle dieselbe religiöse Sprache sprechen.

Wir mögen in der Lage sein, mit Menschen unterschiedlicher gesellschaftlicher Zugehörigkeit und einer unterschiedlichen Sprache auszukommen, weil sie intellektuell immer noch so wie wir sind. Aber wenn ein anderer Bruder sich unserer Gemeinde anschließt, der nicht so gut gebildet und sich in unseren Doktrinen nicht so gut auskennt, dann mögen wir es schwer finden, mit ihm auszukommen. Daher halten wir zu ihm Abstand, und schließlich fällt er ab und verlässt *unseren Club.* Er hat nicht in unsere „Gussform" gepasst. Der Weinschlauch eines solchen Clubs ist einer ohne entweder den Alten Bund oder den Neuen Bund. Es gibt überhaupt *keinen Bund.*

Die *Versammlung* basierte auf dem Alten Bund – eine gewisse Hingabe an Gott, aber ohne gegenseitige Gemeinschaft. Man kann darauf reagieren und schließlich in einem Leben *ohne* überhaupt *einen Bund* enden. Viele Christen sind so. Sie glauben, dass Gott sie vom Alten Bund und vom Gesetz befreit hat und sie enden schließlich, indem sie überhaupt keinen Bund mehr haben. Solche Menschen lieben Paulus' Brief an die Galater, aber sie missverstehen seine Lehre über die *„Freiheit vom Gesetz".* Sie möchten überhaupt keinen Bund mehr haben.

Aber ohne einen Bund kann es keine Ehe mit Christus geben.

Als meine Frau und ich heirateten, schlossen wir einen Bund. Obwohl es in der Ehe kein Regelbuch gibt, gibt es einige Regeln – Regeln, die auf Liebe basieren. Zum Beispiel: Durch Gottes Gnade werde ich meine Frau nie betrügen. Das geschieht nicht aufgrund von Regeln, die ich in einem Handbuch finde, die besagen: *„Du sollst dies oder jenes nicht tun, wenn du verheiratet bist."* Ich bin treu, *weil ich sie liebe.* Ich möchte nie etwas tun, was ihr schaden würde, *weil ich sie liebe.* Auch in unserer Ehe mit Christus gibt es einige Regeln – auf derselben Grundlage –, weil Er mich zuerst geliebt hat, und weil ich Ihn von ganzem Herzen liebe. Meine Beziehung zu Ihm basiert *nicht* auf irgendeinem Buch mit Regeln, sondern auf dem Gesetz der Liebe.

Der Club jedoch hat viele Regeln. Wenn du ein Teil des Clubs sein möchtest, musst du bestimmte Anforderungen erfüllen

– Regeln, die über Gottes Gesetze hinausgehen, bloße Traditionen von Menschen.

Wenn du unter keinem Bund mit Gott bist, musst du dir deinen eigenen Bund in deiner Beziehung mit anderen machen. *„Du kratzt mir meinen Rücken und ich werde dir deinen Rücken kratzen. Du behandelst mich nett und ich werde dich nett behandeln. Aber in dem Augenblick, in dem du aufhörst, mich nett zu behandeln, bin ich mit dir fertig."* Viele Gläubige haben diese Art von Beziehung mit anderen.

Der Club gibt dir jedoch einige irdische Privilegien. Du kannst „Gemeindekonferenzen" besuchen, deine Kinder können dort mit anderen Kindern spielen, du kannst dort verheiratet werden – und du kannst sogar ein würdevolles Begräbnis erhalten, wenn die Zeit dafür kommt!

Das Club-Leben führt zum Desaster

Wenn Gläubige miteinander nur auf diese Weise Freundschaft aufbauen, sind sie bloß ein Bündel von horizontalen Balken. Einige von ihnen mögen ein bisschen Hingabe an Christus haben, aber der vertikale Balken ist zu kurz. In den meisten Fällen ist der vertikale Balken gar nicht vorhanden.

Wache nicht vor dem Richterstuhl Christ auf und entdecke dann, dass du bloß ein Teil eines guten christlichen Clubs warst.

Hast du dich deiner *„Gemeinde"* angeschlossen, weil dein Mann oder deine Frau oder sonst jemand dich in sie hineingeschleppt hat? Hast du dich ihr angeschlossen, weil dir die dortige „Club-Atmosphäre" gefällt, wo du gute Predigten anhören konntest und wo andere dir helfen werden, wenn du in Not bist?

Wenn du gute Predigten hörst, kannst du dich leicht täuschen und denken, du seist geistlich, bloß weil du sie verstehst. Und du kannst dir selber gratulieren, weil die Lehre in deiner „Gemeinde" besser als in anderen „Gemeinden" ist. Doch der vertikale Balken mag in deinem Leben völlig fehlen. Wenn das so ist, wirst du am Richterstuhl Christi eine tragische Überraschung erleben – wenn du dich gänzlich außerhalb von Gottes Reich finden wirst!

Bei Sicherheitskontrollen in Flughäfen gibt es ein Förderband, auf das Fluggäste ihre Koffer und Taschen legen. Diese Koffer gehen durch einen Sicherheits-Scan und kommen schließlich auf der anderen Seite wieder heraus. Ich habe mir den Richterstuhl Christi so ähnlich vorgestellt. Aber statt einer Scan-Maschine wird es ein großer Ofen sein! Was auf der anderen Seite herauskommt wird davon abhängen, wie wir unser Leben hier auf Erden gelebt haben. *1. Korinther 3,13-15* besagt, dass bei vielen Gläubigen alles, was sie taten, verbrennen wird – weil es alles wie Holz, Heu und Stroh war. Nichts wird auf der anderen Seite herauskommen. Viele, die in guten „Gemeinden" saßen, werden an diesem Tag zu ihrem Entsetzen feststellen, dass sie ihr ganzes irdisches Leben vergeudet haben.

Es wird viele geben, die jahrelang gute „Gemeinden" besucht und wunderbare Botschaften (in ihrer „Gemeinde" oder online) gehört haben, zu denen der Herr sagen wird: „Dein irdisches Leben wurde vergeudet, weil du keine persönliche Hingabe zu mir hattest. Ich habe dich nie ‚gekannt' und du hast mich nie ‚gekannt'. Du bist nie mit mir gewandelt. Du hast niemals das Kreuz auf dich genommen" (*Matthäus 7,22-23*). Das wird in der Tat traurig sein.

Sicher im Herrn oder in der Gemeinde?

Die Gemeinde Jesu Christi ist für mich der erfreulichste Ort auf Erden. Ich sage das aus tiefstem Herzen. Die Gemeinschaft der Heiligen ist so süß. *Aber diese wird niemals größer sein als die Gemeinschaft mit meinem himmlischen Vater und mit dem Herrn Jesus.* Die Gemeinschaft, die ich mit Jesus und dem Vater erlebe, wird während meines ganzen irdischen Lebens nicht zerbrochen werden und wird in alle Ewigkeit währen. Es ist auf der Grundlage dieser Gemeinschaft, dass ich die Gemeinschaft mit Gottes Volk schon jetzt erfahre.

Wer jedoch in einem *Club* ist, wird seine Sicherheit in diesem Club und nicht im Herrn finden. Sie finden ihre Sicherheit darin, dass sie gottesfürchtigen Männern zuhören. Du magst in diesem Jahr Hunderte von Predigten gehört haben. Aber das macht dich nicht zu einem wahren Jünger Jesu.

Menschen, die in einem *Club* sind, erwarten auch, dass sie ständig verwöhnt und verhätschelt werden; sie werden leicht beleidigt, wenn sie nicht als „*speziell*" behandelt werden. Sie trachten nach der Ehre und Zustimmung von Menschen. Sie möchten öffentlich sichtbar sein und von anderen nett behandelt werden. Wenn ein Ältester ihnen irgendwann ein Wort der Zurechtweisung gibt, werden sie sofort beleidigt sein und eventuell den Club verlassen!

Der Herr hat mir Folgendes gezeigt: Wenn ich jemals beleidigt werde, wenn mich ein gottesfürchtiger, älterer Bruder korrigiert, dann würde das beweisen, dass ich bloß ein „Club"-Christ bin.

Andere um mich herum mögen das wahre Leben Christi erfahren. Aber ich sitze Jahr für Jahr unter ihnen, nur um dann vor dem Richterstuhl Christi zu entdecken, dass ich bloß ein gutes Clubmitglied war. Möge Gott uns davor bewahren, wegen einer Korrektur oder Zurechtweisung beleidigt zu werden.

Gott hat uns Älteste und gottesfürchtige ältere Brüder gegeben, die uns lieben, die Gottes Wort in Liebe zu uns sprechen. Sie schonen die Rute nicht, weil sie wissen, dass Väter, die ihre Kinder lieben, niemals die Rute schonen. Solche Älteste lieben uns, so wie uns unser himmlischer Vater liebt. Wenn du dann aufgrund dessen, was solche gottesfürchtigen älteren Brüder zu dir sagen, rebellierst oder beleidigt wirst, würde das ein sicheres Zeichen dafür sein, dass du eine Club-Mentalität hast.

Das Endresultat wird dann ein Mangel an geistlichem Wachstum sein. Und wenn es in deinem Leben kein geistliches Wachstum gibt, dann bist du rückfällig geworden. Im christlichen Leben gibt es so etwas wie „stationär" zu sein, nicht. Wenn wir beleidigt werden, wenn ein gottesfürchtiger älterer Bruder ein Wort des Tadels zu uns spricht, dann sind wir sicherlich in einem rückfälligen Zustand – vielleicht auf unserem Weg in die Hölle.

Hebräer 12,5-8 ermutigt uns, die Züchtigung von unserem himmlischen Vater zu lieben, weil Er es aus Liebe zu uns tut. Ebenso korrigieren uns die Ältesten in der Gemeinde, die das Herz eines Vaters haben (wie Paulus in *1. Korinther 4,15*) auch aus Liebe, damit wir nicht rückfällig werden und verloren gehen. Wenn wir über diese Zurechtweisung verärgert sind, dann beweisen wir, dass wir eine Club-Mentalität haben. Am Ende werden wir die Verlierer sein.

KAPITEL 6

Die wahre Gemeinde

Im Neuen Bund gibt es eine Reihe von Wörtern, die neu sind – die man im Alten Bund niemals findet. Ein solches Wort ist „Gemeinschaft".

Am Pfingsttag, als dreitausend Menschen in einer mächtigen Erweckung wiedergeboren wurden, haben sie nicht entschieden, in den nächsten zehn Tagen Zeltevangelisationen abzuhalten. Das tun Leute heutzutage! Stattdessen sagte Gott diesen Jüngern, sie sollten die „Erweckungsversammlung" beenden und hingehen und die Gemeinde bauen.

Wir lesen in *Apostelgeschichte 2,42*, dass *„sie an der Gemeinschaft festhielten"*. Das ist das erste Mal, wo dieses Wort in der Bibel vorkommt! Es ist die Übersetzung des griechischen Wortes *„koinonia"*, was *„miteinander teilen" [Gemeinschaft durch Teilhabe]* bedeutet.

Die Gemeinde
* Neue Worte: „Gemeinschaft", „Leib"
  (*Apostelgeschichte 2,42; 1. Korinther 12,27*)

* Weinschlauch: **Neuer Bund**
  * Durch eine innere Erfüllung mit dem Heiligen Geist
    fließt die Liebe zu Gott und anderen über (*Römer 5,5*)
  * Einheit des Geistes durch das Kreuz (*Epheser 2,14-16*)

* Im Verborgenen gebe ich <u>meinen Willen</u> auf...
* Der Heilige Geist fügt mich mit anderen, die das
  Gleiche tun, zu einem geistlichen Leib zusammen

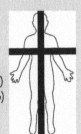

Die Liebe, die vom Kreuz fließt

Diese Gemeinschaft war das unmittelbare Ergebnis davon, dass jene Apostel mit dem Heiligen Geist erfüllt wurden. Wenn Christen heute behaupten, mit dem Heiligen Geist erfüllt zu werden, dann sagen sie, „Ich sprach in Zungen", oder „Ich betete für eine kranke

Person und sie wurde geheilt" (wenigstens denke ich, dass sie geheilt wurde!), oder „Ich kann jetzt eloquent predigen", usw.

Aber am Pfingsttag, als sie alle mit dem Heiligen Geist erfüllt wurden, lesen wir, dass jene Gläubigen die Erweckungsversammlung verließen und *Gemeinschaft miteinander bauten (Apostelgeschichte 2,42)*. Das muss das Hauptresultat von der Erfüllung mit dem Heiligen Geist sein.

In *1. Korinther 12,13* lesen wir, dass *„wir alle durch einen Geist in einen Leib hinein getauft worden sind"*. Die Gemeinde wird hier nicht als eine Versammlung oder als ein Club bezeichnet, sondern als ein Leib. *„Ihr aber seid [der] Leib des Christus, und jeder ist ein Glied [daran] nach seinem Teil"* (*1. Korinther 12,27*).

Dieser Leib wird auf der Grundlage des Kreuzes gebaut. Dieser Weinschlauch ist die Gemeinde des Neuen Bundes.

Die *Versammlung* ist ein Konzept des *Alten Bundes*.

Der *Club* hat überhaupt *keinen Bund*.

Aber die *wahre Gemeinde* wird auf der Grundlage des *Neuen Bundes* gebaut.

Wir verwenden heutzutage das Wort *„Bund"* kaum noch. Es bedeutet eine Vereinbarung und eine Verpflichtung unter jenen Menschen, welche die Gemeinde Jesu Christi bauen. Sie sind *zuallererst* eine Verpflichtung gegenüber ihrem Herrn, dem Bräutigam, eingegangen, und dann eine Verpflichtung zueinander. Hier hast du die beiden Balken des Kreuzes – den vertikalen und den horizontalen. Sie lieben zuerst innbrünstig den Herrn, und dann lieben sie einander.

Genau das wird in einer örtlichen Gemeinde auch beim *„Brotbrechen"* symbolisiert. Wir bringen dadurch zum Ausdruck, dass wir in Gemeinschaft mit dem Herrn sind und dass wir unserem Ich, dem selbstzentrierten Leben, sterben wollen, so wie Er es tat (*1. Korinther 11,26-28*). Wir bringen damit auch zum Ausdruck, dass wir als Glieder Seines Leibes miteinander Gemeinschaft haben (*1. Korinther 10,16-17*). Aus diesem Grund gibt es *ein* Brot, und viele von uns haben gemeinsam Anteil an dem *einen* Brot.

Unsere Liebe füreinander ist keine menschliche Liebe für jene, die wir mögen – *„Ich mag dich, du magst mich, wir sind eine glückliche Familie"*! Nein. Sie entspringt unserer Liebe zum Herrn.

Ebenso sollte es *nicht unsere* Liebe für die verlorene Menschheit sein, die uns antreibt, als ein Missionar hinauszugehen, um sie zu evangelisieren. Die Liebe, die uns antreibt, um ihnen das

Evangelium zu geben, muss aus unserer Liebe für den Herrn fließen.

Es ist diese Liebe für den Herrn und für andere, die durch den Heiligen Geist in unsere Herzen ausgegossen wird (*Römer 5,5*).

Die wahre Gemeinde bauen

Mein Vater (Zac Poonen) hat die folgende Illustration benutzt, um den Unterschied zwischen dem Dienst des Heiligen Geistes im Alten Bund und dem Dienst des Heiligen Geistes im Neuen Bund aufzuzeigen: Im Alten Bund war das Herz des Menschen wie ein Becher mit einem Deckel darauf (wie der Vorhang, der das Allerheiligste im jüdischen Tempel verschloss). Der Heilige Geist wurde auf diesen verschlossenen Deckel des Bechers ausgegossen und floss in Strömen von Segen auf die Menschenmenge ringsherum – so wie Er es durch Mose, Johannes, den Täufer usw. tat.

Aber im Neuen Bund wurde dieser Deckel entfernt (*2. Korinther 3,12-18*). Das wurde durch den Vorhang im Tempel, der zerriss, symbolisiert, als Jesus starb und somit der Weg in das Allerheiligste aufgetan wurde. Wenn der Heilige Geist ausgegossen wird, *füllt Er zuerst den Becher – Er reinigt das Herz des Gläubigen zuerst –* und fließt *dann* aus „*seinem Innersten*" in Segensströmen zu vielen Menschen, so wie es Jesus in *Johannes 7,37-39* beschrieb. Auf diese Weise wird die Gemeinde des Neuen Bundes gebaut.

Wenn wir immer noch versuchen, den Heiligen Geist zu benutzen, bloß um zu anderen zu predigen, dann werden wir nur eine *Versammlung* oder einen *Club* bauen. Aber wenn wir zulassen, dass Gott zuallererst uns füllt und Seine Liebe in unsere Herzen ausgießt, dann kann Er aus unserem *Innersten* zu anderen Menschen fließen. Dann werden wir die Gemeinde mit anderen bauen, die auch denselben Geist der Gemeinschaft haben. Die Liebe zu Gott und zu anderen Menschen wird aus unserem Herzen überfließen und wahre Einheit des Geistes wird durch einen jeden von uns, der das Kreuz auf sich nimmt, gebaut werden.

In Wirklichkeit wird die wahre Gemeinde *in erster Linie* gebaut, wenn wir voneinander **getrennt** sind. Sie wird nicht nur gebaut, wenn wir uns bei unseren Sonntagsgottesdiensten treffen. Ja, sie wird dort durch die Gaben des Heiligen Geistes gebaut. Aber sie wird noch mehr gebaut, wenn wir voneinander getrennt sind. Wenn wir auf irgendeine Weise versucht werden – unehrlich oder zornig zu sein oder mit unseren Augen zu gelüsten, usw. –, beweist du in diesem Augenblick, ob du ein Teil der Gemeinde Jesu bist. Wenn wir in diesen Versuchungen das Kreuz auf uns nehmen, unserem

Ich sterben, unsere Hingabe zum Herrn aufrechterhalten und der Sünde widerstehen, dann wandeln wir im Licht und haben Gemeinschaft mit dem Herrn. Wenn wir uns dann wieder treffen, *werden wir echte Gemeinschaft miteinander haben* (*1. Johannes 1,7*).

In *Kolosser 2,2* spricht Paulus davon, dass *unsere „Herzen in der Liebe verbunden [zusammengefügt] werden"*. Ich kann mich nicht selbst mit anderen in Liebe verbinden. Nur der Heilige Geist kann dieses Werk, unsere Herzen miteinander zu verbinden, tun. Wenn ich jedoch versuche, mein Herz mit dir auf irgendeine menschliche Weise zu verbinden, indem ich dir Geschenke gebe oder mit dir Zeit verbringe usw., dann werde ich bloß einen *Club* bauen. Aber Gott sagt: „Stirb einfach dir selbst." Wenn ich das tue, wird der *Heilige Geist* das Werk tun, mein Herz auf eine unsichtbare, übernatürliche Weise mit anderen zu verbinden, unter die Er mich in einer örtlichen Gemeinde platziert hat, die ebenfalls sich selbst sterben.

Unsere Gemeinschaft wird dann süß werden – nicht weil wir dieselben Doktrinen glauben oder dieselben Lieder singen, sondern weil wir beide in die Erde gefallen und unserem selbstzentrierten Leben gestorben sind. Wir kommen auf diese Weise durch den Heiligen Geist in Gemeinschaft miteinander.

Jede Einheit, die wir haben, ohne dem eigenen Ich zu sterben, wird nur zur *Freundschaft* und nicht zu echter christlicher *Gemeinschaft* führen. Gemeinschaft ist etwas Geistliches, aber Freundschaft ist etwas Irdisches.

Die Menschen in der Welt haben *Freundschaft*. Die Mitglieder vieler weltlicher Clubs haben viel enge Freundschaft miteinander und kümmern sich intensiv umeinander. Aber sie können nie wahre *Gemeinschaft* haben – weil das etwas Geistliches ist, was nur der Heilige Geist in unserem Leben tun kann. Wenn Gott irgendeines Seiner Kinder *„das Sterben Jesu an seinem Leibe tragen"* sieht, dann belohnt Er es, indem Er ihm etwas mehr vom *„Leben Jesu"* gibt (*2. Korinther 4,10-11*). Es ist dieses *„Leben Jesu" im Herzen* von zwei Gläubigen, das wahre Gemeinschaft zwischen ihnen hervorbringt. Und mit solchen Menschen baut Gott Seine Gemeinde des Neuen Bundes.

Als ich anfing, diese Wahrheiten zu sehen, hörte ich auf, den Herrn zu fragen, „Herr, wo sind die Menschen, die Deine wahre Gemeinde bauen möchten?". Ich erkannte, dass Gott sie finden und uns zusammenbringen würde – wenn ich selbst bereit war, in die Erde zu fallen und zu sterben. Wenn ich mich weigerte zu sterben, dann würde Gott sie nicht zu mir führen.

Der Versuch, ernsthafte Gläubige in unserer Umgebung zu finden gleicht dem Versuch, *„Nadeln in einem Heuhaufen"* zu finden. Wir könnten Jahre damit verbringen, in diesem Heuhaufen nach diesen kleinen Nadeln zu suchen; und vielleicht finden wir eine Nadel nach vielen Jahren mühevollen Suchens. Aber der Herr sagt: „Vergeude keine Zeit damit, nach jenen Nadeln zu suchen. Ich weiß, wo sie sind. Falle einfach in die Erde und stirb dir selbst." Dann wird das Leben Jesu in dir solch ein machtvoller Magnet werden, dass es jene „Nadeln" (hingebungsvolle Jünger) herausziehen wird (*Johannes 1,4; 12,32*).

Andere Gläubige, die ebenfalls danach trachten, ein göttliches Leben zu führen und die Gemeinde des Neuen Bundes zu bauen, werden zu dir und zur Botschaft des Kreuzes, die du verkündigst, hingezogen werden. Das ist Gottes Weg. Er bringt die, die Gott von Herzen suchen, zu uns. *„Alles, was mir der Vater gibt, wird zu mir kommen"*, sagte Jesus in *Johannes 6,37*. Und der Vater wird auch für uns dasselbe tun. Auf diese Weise bauen wir die Gemeinde des Neuen Bundes.

Auf dem Fundament persönlicher Opfer

In *Jeremia 3,14-15* sagt der Herr: *„Und ich will euch nehmen, einen aus [jeder] Stadt und zwei aus [jeder] Familie, und euch nach Zion bringen. Und ich will euch Hirten nach meinem Herzen geben, die sollen euch weiden mit Erkenntnis und Einsicht."* Was für eine wunderbare Verheißung ist das. Du weißt, dass du zur wahren Gemeinde gekommen bist, wenn du *Hirten nach Gottes eigenem Herzen* gefunden hast. Lerne sie zu respektieren und sei nicht beleidigt, wenn sie dich zurechtweisen, weil sie danach trachten, dich zu einem gottesfürchtigen Leben zu führen.

In *Epheser 5,25* heißt es: *„Christus hat die Gemeinde geliebt und **sich selbst** für sie dahingegeben."* Es gibt keine Möglichkeit, die Gemeinde ohne persönliche Opfer zu bauen. Es war ein großes Opfer, das Jesus brachte, als Er vom Himmel auf die Erde kam. Er opferte Bequemlichkeit und ein leichtes Leben und lebte in Armut. Aber vor allem gab Er **sich selbst** hin.

Bilde dir niemals ein, dass du ohne einen Preis zu bezahlen eine Gemeinde des Neuen Bundes bauen kannst. Diejenigen, die die Gemeinde bauen wollen, aber keinerlei Opfer von Geld oder persönlicher Bequemlichkeit bringen möchten, werden nur eine *Versammlung* oder einen *Club* bauen. Die wahre Gemeinde kann nicht ohne Opfer gebaut werden. Christus gab *sich selbst* hin, um sie zu bauen. Auch wir müssen unser „*eigenes Ich*" aufgeben, um uns Ihm beim Bau der Gemeinde anzuschließen.

Der Herr kann sogar die geringste und nutzloseste Person gebrauchen, Seine Gemeinde zu bauen, wenn diese Person Ihm erlaubt, mit Gottes Heiligem Geist erfüllt zu werden und wenn sie den Weg des Kreuzes geht.

Wenn du in deinen eigenen Augen gering bist, dann sagt Gott heute zu dir: „Du bist ein geringes, unbedeutendes Weizenkorn. Geh hin und falle in die Erde und stirb." Dann wirst du das Wunder sehen, das Gott durch dich tun wird. Deine Augen können heute nicht sehen und dein Verstand kann nicht verstehen, was Gott in den kommenden Tagen für dich und durch dich zu tun bereit ist (*1. Korinther 2,9*). Aber du musst Ihn genug lieben, um Seinen Ruf zu hören, der durch dieses Buch an dich ergeht.

KAPITEL 7

Die Gemeinde aufbauen – ein Geber sein

*„Der Sohn des Menschen ist nicht gekommen, um sich dienen zu lassen,
sondern um zu dienen und sein Leben zu geben als Lösegeld für viele"*
(Matthäus 20,28).

Als Jesus auf Erden lebte, war Seine *„Gemeinde"* sehr klein. Sie
bestand aus zwölf Männern, von denen einer ein Verräter war. Aber
die restlichen elf waren wahre Jünger, die alles aufgegeben hatten,
um Jesus nachzufolgen. In der Folge stellten sie die Welt auf den
Kopf, nachdem sie mit dem Heiligen Geist erfüllt worden waren.

Davor jedoch stritten sie sich oft miteinander. Bei einem Anlass,
als Jesus ihnen sagte, dass Er gekreuzigt werden würde, taten die
Jünger sofort, was jede irdisch gesinnte Person tun würde, wenn
ein Führer seine Position verlässt – sie fingen an, darüber zu strei-
ten, wer die Führung übernehmen würde (*Markus 9,31-34*). Eine
kurze Zeit später sagte Jesus ihnen abermals, dass Er gekreuzigt
und am dritten Tag auferstehen würde (*Matthäus 20,18-21*). Erneut
brachten die Jünger, angefangen mit Jakobus und Johannes, ihr
Verlangen nach hohen Positionen zum Ausdruck. Sie betrachte-
ten die Verherrlichung Jesu auch als eine Möglichkeit für sich,
vor allen Leuten erhöht zu werden. Jesus erwiderte ihnen, dass
Er *„nicht gekommen ist, um sich dienen zu lassen, sondern um zu
dienen und sein Leben zu **geben** als Lösegeld für viele"* (*Vers 28*).

Jesus zeigte uns, dass es zwei Arten von Menschen in der
Welt gibt – sogar unter denen, die sich „Christen" nennen – die
„Nehmer" und die *„Geber"*. Christen, die den Geist der Welt haben
(*Versammlungs-Christen* und *Club-Christen*) sind *„Nehmer"*, die
stets danach Ausschau halten, was sie vom Christentum bekom-
men können. Die Mitglieder der wahren *Gemeinde* hingegen sind
„Geber". Sie halten stets danach Ausschau, was sie *geben* können
– zuallererst an Gott und dann an andere. Jesus sagte, dass es die
„Geber" sind, die den größten Segen erhalten (*Apostelgeschichte
20,35*).

Je höher du in der Welt aufsteigst, desto mehr kannst du erwarten, *von anderen bedient zu werden.* Die Führer der Regierungen dieser Welt haben Leute um sich, die ihnen ständig dienen. Wenn du dagegen im Himmelreich voranschreitest, *wirst du anderen mehr dienen.* Jesus lehrte dies nicht bloß, sondern lebte das während Seines ganzen Lebens vor.

In einer Gemeinde erwarten die *„Nehmer"* immer, dass andere ihre Bedürfnisse befriedigen. Wenn ihre Erwartungen nicht erfüllt werden, werden sie schließlich wegen irgendetwas beleidigt sein und die Gemeinde verlassen. *„Geber"* hingegen werden, wenn sie eine Not sehen, als Mitglieder dieser Gemeindefamilie Verantwortung übernehmen und treu und mit Ausdauer daran arbeiten, um diese Bedürfnisse durch Gottes Gnade zu befriedigen.

Wenn es beispielsweise einen Mangel an Liebe zwischen dir und einer anderen Person in deiner örtlichen Gemeinde gibt und du das Gefühl hast, dass der „Becher der Liebe" leer ist, dann könntest du das Problem als Fehler der anderen Person betrachten, weil sie nicht genug Liebe in eure Beziehung ausgegossen hat, um deinen Becher zu füllen. Das ist die Mentalität eines *„Nehmers".* Wenn du stattdessen die „Gesinnung eines *Gebers"* hast, wirst du diesen Mangel vor Gott bringen und Ihn bitten, deinen Becher zu füllen. Er wird ihn dann mit einem solchen Überfluss füllen, dass aus deinem Leben Liebe zu den Menschen um dich herum hinausströmen wird.

Wir lesen in *2. Korinther 9,6-8,* dass Gott Seine Gnade reichlich über uns ausgießen möchte. Wenn wir diesen Vers lesen, ist es leicht, in selbstsüchtiger Weise zu denken, das bedeute, immer mehr für uns selbst anzuhäufen. Aber wenn du diesen Abschnitt sorgfältig liest, wirst du sehen, dass Gott eine solch überströmende Gnade gibt, *damit wir „Geber" sein können,* **die anderen Menschen Gutes tun** (siehe den letzten Teil von *Vers 8).*

Paulus, der das schrieb, hat drei Jahre lang in der Gemeinde in Ephesus gearbeitet. Als er sich zum letzten Mal von ihnen verabschiedete (*Apostelgeschichte 20,25-35),* erinnerte er die Ältesten daran, dass er während dieser ganzen Zeit als *„Geber"* unter ihnen gelebt hatte. Das ist der Grund, warum er sagt, dass er sich weigerte, von der Gemeinde unterstützt zu werden, obwohl er dazu berechtigt gewesen wäre. Er sorgte nicht bloß für seine eigenen Bedürfnisse, sondern auch für die Bedürfnisse anderer, die bei ihm waren. Er hatte eine „Maximum"-Einstellung dafür, ein „*Geber*" zu sein! Aus diesem Grund konnte Gott ihn im maximalen Ausmaß benutzen, die *Gemeinde* zu bauen.

Der Grund, warum viele Menschen keine „*Geber*" sein möchten ist, weil es Opfer beinhaltet – einen „Kelch des Leidens" –, wie Jesus später in *Matthäus 20,22-23* erklärte. Aber die Gemeinde kann nur durch Opfer gebaut werden. Wenn wir daher die Bedürfnisse der Gemeinde um uns herum sehen, dann lasst uns als durstige Menschen kommen und Gott bitten, uns in unserem Innersten mit Seiner Kraft zu erfüllen. Von diesem innersten Ort werden dann Ströme lebendigen Wassers fließen (*Johannes 7,37-38*), die den ausgetrockneten Boden um uns herum bewässern und **die Gemeinde bauen** werden.

KAPITEL 8

Die Gemeinde niederreißen – ein Ankläger sein

Die Weisheit der Frauen baut ihr Haus; aber ihre Torheit reißt's nieder mit eigenen Händen (Sprüche 14,1; LUT).

Die Bibel spricht über zwei Wege, wie ein Haus niedergerissen werden kann. Einer ist durch Stürme, die an das Haus des törichten Erbauers, das kein festes Fundament hat, peitschen (*Matthäus 7,26-27*). Der andere Weg ist durch eine törichte Person, die im Haus lebt und das Haus *„Ziegel für Ziegel"* (*Sprüche 14,1;* frei übersetzt aus *The Message*) abreißt, bis es krachend einstürzt.

Wenn ich Gemeinden im Laufe der Geschichte und in der heutigen Welt beobachte, sehe ich mehr Gemeinden, die von ihren eigenen Mitgliedern niedergerissen und zerstört worden sind als durch Angriffe von außen. In der Tat, dort wo Satan die *Gemeinde* durch äußerliche Mächte verfolgte, hat das gewöhnlich nur dazu gedient, *die Gemeinde in Reinheit zu bewahren.* Daher ist Satan ganz zufrieden damit, Christen selber das Werk der Zerstörung der Gemeinde von innen heraus tun zu lassen. Auf diese Weise kann Satan – sogar wenn Gott in der Lage war, Menschen aus *Versammlungen* und *Clubs* herauszurufen, um einen Ausdruck Seiner Gemeinde durch einen örtlichen Leib von Gläubigen zu formen – noch immer dieses Werk von innen heraus zerstören, wenn die Mitglieder der Gemeinde willens sind, dieses Werk für ihn zu tun.

Kann der Teufel Erfolg haben, das sogar in einer *geistlichen* Gemeinde zu tun? Sicherlich! Er begann, indem er das sogar im Himmel selbst tat – in der Gegenwart Gottes –, als er erfolgreich ein Drittel der Engel mit ihm zur Rebellion verführte (*Offenbarung 12,4*) und bewirkte, dass sie zu bösen Geistern wurden. Auch die Gemeinde im ersten Jahrhundert erlebte das oft in Form von reißenden Wölfen (*Apostelgeschichte 20,30*), und Männern wie Alexander, dem Schmied (*2. Timotheus 4,14-15*) und Diotrephes (*3. Johannes 1,9-10*).

Um das zu vermeiden, müssen wir die Quelle dieser Konflikte, die Gemeinden niederreißen, identifizieren. In *Jakobus 3,13-4,1*

wird das deutlich erklärt. Die Quelle solcher Konflikte ist *Gefallen
an sich selbst zu haben (4,1)*, was sich in bitterer Eifersucht und
selbstsüchtigem Ehrgeiz manifestiert und sich schließlich in der
ganzen Gemeinde ausbreitet und zur Unordnung und zu jeder
bösen Tat führt *(3,16)*. Das ist der Grund, warum wir in *Hebräer
12,15* gewarnt werden, sicherzustellen, dass man sich mit
Bitterkeit befasst, wenn sie noch eine Wurzel (im Herzen und in
den Gedanken) ist, weil sie viele beflecken wird, wenn sie tatsächlich aus dem Boden hervorsprießt.

Es ist wichtig zu beachten, dass wir (basierend auf *Sprüche 14,1*)
nur zwei Optionen haben: Wir werden entweder die Gemeinde aktiv
aufbauen oder wir werden sie niederreißen. Die Gemeinde aktiv
aufzubauen geschieht durch Liebe (*1. Korinther 8,1*). Das bedeutet
nicht, bloß zu sagen, dass wir einander in der Gemeinde lieben,
sondern das tatsächlich auszuleben (*1. Johannes 3,18*), und
diesbezüglich keine Heuchler zu sein (*Römer 12,9*). Die Qualität
unserer Liebe wird besonders in Situationen von Uneinigkeit oder
Konflikt geprüft, wo wir beweisen, dass wir echte Liebe haben,
indem wir unser *„selbstzentriertes Leben"* für die Gemeinde hingeben, so wie es Jesus tat (*Epheser 5,25*). Das bedeutet auch, dass
wir für andere in der Gemeinde mit Fürbitten eintreten, so wie
Jesus es für uns tut (*Hebräer 7,25*).

In *Offenbarung 12,10* wird der Teufel der *„Ankläger der Brüder"*
genannt. Eine Gemeinde niederzureißen passiert, wenn Mitglieder
der Gemeinde sich mit ihm zusammentun, um andere Gläubige
anzuklagen. Wir sehen ein Bild davon im Leben von Sacharja,
einem jungen Propheten, dessen Berufung es war, Gottes Volk
beim Wiederaufbau des Tempels in Jerusalem nach ihrer Rückkehr
aus ihrer Gefangenschaft in Babylon zu leiten. In *Sacharja 3,1-5*
sehen wir Josua, den Hohepriester, mit unreinen Kleidern angetan
und Satan neben ihm stehen, um ihn anzuklagen. Sogar bevor
der Herr Josuas unreine Kleider entfernt, tadelt er zuerst Satan.
Dann ersetzt Gott Josuas unreine Kleider durch schöne, neue
Feierkleider. Aber warum war Sacharja dort? Es war ein Test,
um zu sehen, welche Seite er einnehmen würde – die Seite des
Anklägers oder die Seite des Fürsprechers. Sacharja zeigt uns, was
es bedeutet, ein Erbauer von Gottes Haus zu sein. Sobald Josua
mit schönen, neuen Feierkleidern bekleidet wurde, entscheidet
sich Sacharja, ihn noch herrlicher zu machen, indem er bat, dass
ihm noch ein Kopfbund auf sein Haupt gesetzt wird.

Heute begegnen wir demselben Test, wenn wir versuchen,
die Gemeinde als eine Wohnstätte Gottes zu bauen. Auf der
einen Seite versucht uns der Teufel einzuladen, ein Teil seines

„Abriss-Dienstes" zu sein, indem wir erlauben, dass anklagende Gedanken gegen andere in unseren Herzen Raum finden, die dann durch Tratsch über andere in der Gemeinde verbreitet werden und schließlich eine Gemeinde spalten. Andererseits lädt uns Jesus ein, ein Teil Seines „Aufbau"-Dienstes zu sein, indem wir für andere Menschen eintreten, um sie noch herrlicher zu machen – so wie Er das ständig tut (Hebräer 7,25). Sogar wo es Sünde gibt, muss es immer unser Ziel sein, stets „unseren Bruder zu gewinnen" (Matthäus 18,15).

Die Gemeinde, in der das wirklich ausgelebt wird, wird Jesus in ihrer Mitte haben und wird auf diese Weise vollständige Autorität über die Mächte der Finsternis haben (Matthäus 18,18-20).

KAPITEL 9

Sich um die Gemeinde kümmern – ein Hirte sein

Er empfand Mitleid mit ihnen, weil sie ermattet und vernachlässigt waren wie Schafe, die keinen Hirten haben (Matthäus 9,36).

In *Matthäus 9,37-38* sagte Jesus, dass es sehr wenige Arbeiter gibt, um die reiche Ernte in der Welt einzubringen. Er trug uns dann auf zu beten, dass Arbeiter in die Erntefelder ausgesandt werden. Viele Menschen benutzen diesen Vers, um Menschen emotional aufzuwühlen, um sich in irgendeine *missionarische Arbeit* zu stürzen. Wenn wir jedoch die *Verse 36-38* zusammen lesen, sehen wir genau, was Jesus meinte, als er über *„Arbeiter"* sprach.

Als Jesus die Volksmenge sah, sah er Leute, die keinen Mangel an Predigern und Lehrern hatten (denn es gab viele Pharisäer und Schriftgelehrte); keinen Mangel an Versammlungen (die Leute trafen sich am Sabbat und auch zu anderen Zeiten in den Synagogen); und keinen Mangel an Wundern (Er hatte bereits viele Wunder in ihrer Mitte getan). *Was ihnen fehlte waren* **Hirten**.

Dasselbe trifft auch heute zu. Wir leben in einer Zeit, wo die Bibel und die doktrinären Lehren in gedruckter Form, online, auf Smartphones usw. leicht zugänglich sind und fast alle Gemeinden mehrere Male in der Woche Gottesdienste abhalten. Aber Gott hält immer noch nach Leitern Ausschau, die Ihm erlauben, ihr hartes, egozentrisches Herz zu brechen und es mit dem weichen Herzen eines Hirten zu ersetzen.

Vor langer Zeit zeigte uns Gott in *Jeremia 3,14-15* zwei wichtige Eigenschaften Seiner *Gemeinde* („Zion").

i. Sie würden ein vielfältiges Volk aus unterschiedlichen Städten und Familien sein, und

ii. Er würde ihnen Hirten nach Seinem eigenen Herzen geben.

Was bedeutet es dann, *„ein Hirte nach Gottes eigenem Herzen zu sein"*?

Ein solcher Hirte wird Christi **Mitleid** haben. Das ist mehr als bloß ein menschliches Mitgefühl. Dieses Mitleid ist eine geistliche Emotion, die ausgelöst wird, wenn man Menschen sieht, die vom Teufel *„geplagt und niedergeworfen"* werden (*Matthäus 9,36*; frei übersetzt). Das bedeutet, sich mehr für ihr geistiges Wohlergehen als für ihr physisches oder emotionales Wohlergehen zu sorgen und bereit zu sein, mutig die Wahrheit in Liebe auszusprechen.

Ein solcher Hirte wird bereit sein, **Unannehmlichkeiten auf sich zu nehmen.** Wir sehen während des ganzen Lebens Jesu, dass Er sich stets aufmachte, wenn der Vater Ihm Anweisung gab, sogar wenn es bedeute, Hunderte von Meilen zu gehen, im Freien zu schlafen, eine Mahlzeit auszulassen usw. Er kümmerte sich auf unparteiische Weise um den bekannten Synagogenvorsteher (*Matthäus 9,18-19*) sowie auch um die Armen wie die Frau mit dem Blutfluss (*Matthäus 9,20-22*). Jesus lebte und starb *„ohne irgendeinen Gedanken um sein eigenes Wohlergehen"* (*Jesaja 53,8*; frei übersetzt aus *The Message*) – und wahre Hirten sind diejenigen, die Seinem Beispiel, so zu leben, folgen.

Ein solcher Hirte wird **kompromisslos** für die Wahrheit eintreten. Als die Juden in die Gefangenschaft nach Babylon geführt wurden, nahm sich ein junger Mann, Daniel, in seinem Herzen vor, dass er mit Gottes Maßstäben keine Kompromisse machen würde (*Daniel 1,8*). Seine stille Kühnheit brachte seine drei Gefährten dazu, ebenfalls einen mutigen Stand für Gott einzunehmen (*Daniel 1,11*).

Ein solcher Hirte wird mit dem Heiligen Geist zusammenarbeiten, um für andere in ihrer Freude und in ihrem Glauben ein **Helfer** zu sein. Paulus beschreibt dies wie folgt: *„Wir schreiben euch nicht vor, wie ihr euren Glauben leben sollt, indem wir argwöhnisch und kritisch über eure Schultern schauen. Wir sind Partner, wir arbeiten mit freudiger Erwartung mit euch zusammen. Ich weiß, dass ihr durch euren eigenen Glauben, nicht durch unseren, feststeht* (*2. Korinther 1,24*; frei übersetzt aus *The Message*).

Ein solcher Hirte wird **geistliche Autorität** haben. Das ist etwas, was nur Gott bezeugen kann, und resultiert aus der Tatsache, dass, wenn *„der Fürst dieser Welt"* (Satan) kommt, er keinen Bereich in unserem Leben vorfindet, in dem er Fuß fassen kann (*Johannes 14,30*).

Ein solcher Hirte wird einen Drang haben, das **volle Evangelium** des Reiches Gottes zu verkünden. Viele Prediger sprechen gerne über populäre Themen und kitzeln die Ohren ihrer Zuhörer

(*2. Timotheus 4,3-4*). Solche Männer sind keine Hirten. Dagegen nahm Paulus seine Berufung so ernst, dass er sagte, er würde Blut an seinen Händen haben, wenn er nicht „*den ganzen Ratschluss Gottes*" verkündigte (*Apostelgeschichte 20,26-27*).

Ein solcher Hirte wird **sein Leben** für die Schafe **hingeben**. Das bedeutet, dass er furchtlos bei den Schafen bis ans Ende bleibt, sogar wenn das bedeutet, dass er seine Präferenzen, seine Bedürfnisse, seine Bequemlichkeit oder seine Agenda aufgeben muss. Jesus verglich dieses Herz eines Hirten mit dem eines Mietlings, der die Schafe verlässt und flieht, wenn die Dinge unbequem werden oder wenn Schwierigkeiten auftauchen, weil er sich nicht um die Schafe kümmert (*Johannes 10,11-13*). Als Paulus das Leben seiner Mitarbeiter untersuchte, erkannte er, dass sie letztendlich alle nach ihren eigenen Interessen trachteten. Nur Timotheus war ihm gleichgesinnt und hatte das Herz eines Hirten, weil er ernsthaft um das Wohlergehen der Herde besorgt war (*Philipper 2,19-21*).

Wer wird für uns gehen?

Ich erinnere mich, dass mich der Herr vor vielen Jahren fragte, wer die Hirten waren, denen ich mich unterordnete, die über meine Seele wachten und mit Freuden Rechenschaft über mein Leben geben würden (*Hebräer 13,17*). Ich sah das Beispiel in Jesu Leben, der deshalb echte geistliche Autorität hatte, weil Er sich jeder Autorität treu unterordnete, unter die Er sich – besonders in Seinen ersten 30 Jahren – nach dem Willen Seines Vaters unterordnen sollte (*Matthäus 8,8-9*). Ich sah, dass Jesus mit dieser geistlichen Autorität, obwohl Er geschlagen wurde und blutete, sogar kühn vor Pilatus stehen konnte; und als Pilatus Jesus damit Angst einjagen wollte, wie viel Macht er hatte, erwiderte Jesus leise: „*Du hättest gar keine Vollmacht über mich, wenn sie dir nicht von oben her gegeben wäre*" (*Johannes 19,11*).

Als die Augen meines Herzens aufgetan wurden, um die Wahrheit in diesen Schriftstellen zu sehen, wurde in mir ein Feuer entzündet, Zion, die *Gemeinde*, zu finden, wo Gott mir solche wahren Hirten geben würde. Ich entschied mich, egal was die irdischen Kosten dafür sein mögen – Verwandte, Job, usw. –, dass ich mich von ganzem Herzen hingeben würde, den Leib Christi zu bauen.

Nachdem Gott mich, so wie Jesaja, von aller Sünde gereinigt und gebrochen hatte, fragte Er mich: „*Wen soll ich senden, und wer wird für uns gehen?*" (*Jesaja 6,8*).

Ich habe diese Entscheidung, die ich im Jahr 2007 getroffen habe, ohne Rücksicht darauf, wie die Umstände der Arbeit, die vor mir lag, aussahen, niemals bedauert.

Wenn du heute den Ruf Gottes gehört hast, aus den *Versammlungen* und *Clubs* in Babylon herauszukommen und Seine *Gemeinde* im geistlichen „Zion" zu bauen, dann hoffe ich, dass deine Antwort auch ***„Hier bin ich, sende mich!"*** sein wird.

Amen.

Es ist Christus, der Seine Gemeinde baut

Jesus sagte: „Ich will meine Gemeinde bauen" (Matthäus 16,18).

Das Wort „*Gemeinde*" erscheint im Neuen Testament das erste Mal in diesem Vers. Wie ermutigend ist es, hier Jesu Aussage zu sehen, *dass **ER (und ER ALLEIN) es ist**,* der Seine Gemeinde bauen wird.

Wir müssen zuallererst diese Souveränität und Autorität Christi beim Bau Seiner Gemeinde sehen.

Apostelgeschichte, Kapitel 2, wo die Gründung der Gemeinde am Pfingsttag beschrieben wird, unterstreicht diese Souveränität des Herrn mit den Worten, dass *„**der Herr** aber täglich zur Gemeinde **hinzufügte**, die gerettet wurden"* (*Apostelgeschichte 2,47*).

Die erste Aussage Jesu über die Gemeinde bezog sich auf die **universale** Gemeinde. Aber als Er ein zweites Mal über *„die Gemeinde"* sprach, bezog Er sich auf die **örtliche** Gemeinde (in *Matthäus 18,17*). Die dort erwähnte disziplinarische Aktion (*Matthäus 18,15-17*) kann nur durch eine örtliche Gemeinde ausgeführt werden. Hier sehen wir erneut die Autorität des Herrn, wie Er inmitten einer örtlichen Gemeinde steht, in der die Mitglieder eins sind (wie wir in den nächsten drei Versen – *Matthäus 18,18-20* – sehen). Eine örtliche Gemeinde kann nur dann ein Ausdruck des Leibes Christi sein, wenn Christus gestattet wird, als Haupt in ihrer Mitte zu sein.

Sadhu Sundar Singh beschrieb die Beziehung zwischen der universalen Gemeinde und der örtlichen Gemeinde wie folgt: Wasser, das ein Mensch für seine Ernährung benötigt, findet man in Flüssen, Seen und Brunnen. Aber wenn ein Mensch seinen Durst stillen möchte, braucht er einen Becher, um von diesem Wasser zu trinken. Dieser Becher ist ein Bild für die örtliche Gemeinde.

Die *universale* Gemeinde erstreckt sich über Zeiten und Nationen – angefangen vom Pfingsttag bis zur Wiederkunft des Herrn. Sie schließt alle ein, die Jesus als ihren Retter und Herrn ihres Lebens angenommen haben. Aber Gott möchte auch, dass jeder Christ ein aktives Mitglied einer örtlichen Gemeinde ist, wo er seine Funktion als ein Teil des Leibes Christi erfüllen kann.

Der Herr ist das Haupt der universalen Gemeinde und der örtlichen Gemeinde. Ihm obliegt die primäre Verantwortung für den *Bau und für die Bewahrung der Gemeinde (Epheser 1,23; 4,13-16; Kolosser 1,18)*. Folglich sehen wir in den vergangenen fünf Jahrhunderten, wie der Herr durch verschiedene Seiner Diener der Kirche Wahrheiten wiedergab, die in der Frühkirche vorhanden, aber später durch Vernachlässigung verlorengegangen waren.

Wenn wir die Kirchengeschichte ab dem 16. Jahrhundert sorgfältig studieren, sehen wir, dass Gott in der Gemeinde verschiedene Wahrheiten wiederherstellte, wie z.b. die Rechtfertigung durch den Glauben, die Glaubenstaufe, Heiligkeit, Absonderung von der Welt, die Taufe im Heiligen Geist und die Gaben des Heiligen Geistes. Im frühen 20. Jahrhundert erweckte Gott die Pfingstbewegung, um den Dienst des Heiligen Geistes und Seine Gaben zu betonen.

Können wir nun, nachdem all diese herrlichen Wahrheiten wiederhergestellt wurden, sagen, dass die **ganze** Wahrheit Gottes vollständig wiederhergestellt wurde? Viele Christen würden das bejahen.

Aber betrachte *Hebräer 6,1-2* sorgfältig: *„Darum wollen wir jetzt lassen, was am Anfang über Christus zu lehren ist, und uns zum Vollkommenen wenden; wir wollen nicht abermals* **den Grund legen** *mit der Umkehr von den toten Werken, mit dem Glauben an Gott, mit der Lehre vom Taufen, vom Händeauflegen, von der Auferstehung der Toten und vom ewigen Gericht."*

In diesen zwei Versen sehen wir ALL die Wahrheiten, die wiederhergestellt wurden und die man in fast allen heutigen evangelikalen Gemeinden und Pfingstgemeinden findet: Buße, Wassertaufe, Taufe im Heiligen Geist (das Wort *„Taufen"* steht im Plural), Heilung (*das Auflegen der Hände*), die Wiederkunft des Herrn, das Endgericht und die Austeilung von Belohnungen. Aber *Hebräer 6,1-2* besagt, dass all diese Wahrheiten nur das Fundament darstellen. Wie steht es mit dem Gebäude selbst? Welche Wahrheit brauchen wir über all diese hinaus, um den Überbau dieses Gebäudes zu bauen?

Schauen wir uns ein Beispiel aus dem Alten Testament an. Als die Israeliten aus der babylonischen Gefangenschaft zurückkehrten, legten sie zu Beginn nur das Fundament des neuen Tempels. Dann taten sie 16 lange Jahre weiter nichts. Sie ignorierten den Bau des Tempels selbst. Zu der Zeit erweckte Gott zwei Propheten, um zu ihnen zu sprechen – Haggai und Sacharja. Haggai war ein älterer Mann, während Sacharja jünger war. Aber beide hatten für das Volk Israel dieselbe Botschaft: *„Wie lange wollt ihr den Bau des Tempels ignorieren?"* Das Volk reagierte schließlich auf die

Herausforderung dieser prophetischen Botschaften und vollendete den Bau des Tempels.

Wenn evangelikale Gemeinden und Pfingstgemeinden sich ihrer „Glaubenssätze" rühmen, müssen sie erkennen, dass sie nur das Fundament gelegt haben. Sie sind wie die Israeliten, die das Fundament gelegt, aber den Überbau des Tempels nicht vollendet haben.

Was ist dieser Überbau? Wir sehen die Antwort direkt in *Hebräer 6,1: „Lasst uns zur Reife (Vollkommenheit) voranschreiten."*

Sich der Reife (und Vollkommenheit) in Christus zuzuwenden ist der Überbau [das Gebäude] der Gemeinde.

Niemand kann das *Fundament* eines Gebäudes sehen. Es ist der Überbau, der die Aufmerksamkeit der Menschen auf sich zieht.

Was sehen die Menschen in der Welt in uns Christen? Sie sind an unseren fundamentalen Doktrinen nicht interessiert. Ihnen ist egal, ob wir als Säuglinge oder als Erwachsene getauft wurden; oder ob wir glauben, dass die Taufe im Heiligen Geist zur Zeit der Neugeburt stattfindet oder eine zweite Erfahrung ist. Es ist unser tägliches Leben, worauf die Welt schaut.

Als Mahatma Gandhi einmal gefragt wurde, warum er das Christentum ablehnte, antwortete er: „Ich lehne Christus nicht ab. Es ist bloß so, dass *viele von euch Christen eurem Christus so wenig ähneln."*

Die Welt um uns herum wartet darauf, *christusähnliche* Christen zu sehen – und *das* ist der Überbau des Tempels!

Die Welt ist an unseren detaillierten Glaubenssätzen über das Heil, die Wassertaufe, die Taufe im Heiligen Geist usw. nicht interessiert. Dieses Fundament ist ihnen egal, weil sie es nicht sehen können. Aber wenn unser Leben *„dem Bilde Christi gleichgestaltet wird"*, dann wird die Welt aufhorchen und davon Notiz nehmen. Umgestaltung in das Bild Christi ist auch für uns Gottes *Ziel*. Das ist das Ziel, für das wir vorherbestimmt wurden (wie wir in *Römer 8,29* lesen).

Der Apostel Paulus war eifrig darauf bedacht, diesen Überbau in seinem eigenen Leben zu bauen, nachdem er das Fundament gelegt hatte. Sein einziges Verlangen bis zum Ende seines Lebens war es, *„Christus zu erkennen, und seinem Tode gleichgestaltet zu werden und so diesem Ziel zuzustreben – dem Siegespreis der himmlischen Berufung Gottes in Christus Jesus"* (was bedeutet, in das Ebenbild Christi verwandelt zu werden)" (*Philipper 3,10-14*). Paulus sagte, dass dies das EINZIGE war, dem er nachjagte (*Vers 13*).

Die Mehrheit der heutigen Gläubigen hat nicht dieses leidenschaftliche Verlangen, das Paulus hatte, das Kreuz auf sich zu nehmen und Jesus nachzufolgen, um Ihm ähnlich zu werden. Sie erkennen nicht, dass „der Jünger **wie sein Meister werden muss**" (*Matthäus 10,25*). Sie sind nicht darauf bedacht, Seinem Bilde gleichgestaltet zu werden. Stattdessen verbringen sie ihr Leben damit, pingelig über doktrinäre Fragen zu diskutieren und wiederholt, Woche für Woche, die Grundlage zu legen! Wann werden sie anfangen, das Gebäude, den Überbau, zu errichten?

In einer solchen Situation braucht es erneut dringend den prophetischen Dienst eines Haggai und Sacharja.

Aber wer ist willig, heute einen solchen prophetischen Dienst zu erfüllen? Es gibt einen gewaltigen Preis, den man bezahlen muss, um einen solchen Dienst zu erfüllen. Schau dir an, was der Prophet Sacharja zu leiden hatte, als er sich zu Gott stellte. Er trachtete danach, Gottes Volk durch seinen kraftvollen prophetischen Dienst in Bezug auf die Notwendigkeit, den Überbau des Tempels zu bauen, Einsicht zu geben; und er suchte dabei nicht die Ehre oder die Zustimmung irgendeines Menschen. Aber er erlitt ein tragisches Ende. Das Volk war auf ihn zornig und ermordete ihn (*Matthäus 23,35*). Weil Gläubige heute die Gesetze des Landes fürchten, töten sie Propheten wie Sacharja nicht. Sie „erschlagen sie bloß mit ihren Zungen" (*Jeremia 18,18*).

Wenn wir uns das heutige Christentum mit einem offenen und vorurteilslosen Sinn anschauen, werden wir entdecken, dass Gott in der Tat das Bedürfnis der Stunde erfüllt hat, indem Er den prophetischen Dienst von „Sacharja" erweckt hat, der das Volk Gottes ständig herausfordert, „sich dem Vollkommenen zuzuwenden und dem Bilde Christi gleichgestaltet zu werden".

Gott möchte, dass Sein Volk jetzt den Überbau Seiner Gemeinde baut, indem es dieser prophetischen Botschaft Beachtung schenkt, statt immer wieder das Fundament zu legen. Diejenigen, die entschlossen sind, heute den Tempel des Herrn zu bauen, werden feststellen, dass der Feind gegen sie wütet. Aber „wenn der Feind wie ein Wasserstrom kommt, wird der Geist des Herrn ihn in die Flucht schlagen" (*Jesaja 59,19*; wörtlich übersetzt).

Wir sehen den historischen Kontext des prophetischen Dienstes von Sacharja in den Büchern *Esra* und *Nehemia*. In diesen Büchern sehen wir eine detaillierte Beschreibung der finsteren Pläne des Feindes, als er versuchte, den Bau des Tempels und den Bau der Mauer von Jerusalem zu behindern.

Nehemia berichtet über sieben Wege, auf denen seine Feinde versuchten, sein Werk zu behindern:

1. Es verdross sie sehr (*Nehemia 2,10*)
2. Sie verspotteten und verachteten die Arbeiter (*Nehemia 2,19; 4,3*)
3. Sie waren wütend und sehr zornig (*Nehemia 4,1*)
4. Sie verschworen sich, zu kämpfen und Verwirrung zu stiften (*Nehemia 4,5*)
5. Sie luden ihn zu einem Treffen ein, um ihm zu schaden (*Nehemia 6,2*)
6. Sie versuchten ihn mit Drohungen zu erschrecken (*Nehemia 6,7.17-18*)
7. Sie platzierten ihre Agenten innerhalb ihres Lagers, um sie zu versuchen und ihnen Schrecken einzujagen (*Nehemia 6,10-12*).

Aber Gottes Werk ging voran und wurde vollendet. Schließlich erkannten sogar seine Feinde an, *„dass dieses Werk von Gott war"* (*Nehemia 6,16*).

Auch zur Zeit der Apostel stellte sich der Feind auf ähnliche Weise gegen Gottes Werk. Aber auch dann ging das Werk *„ungehindert"* voran (*Apostelgeschichte 28,31*).

Gottes Werk in Seiner Kirche erlebt auch heute auf ähnliche Weise Widerstand. Aber es geht dennoch *ungehindert* voran, weil unser Herr gesagt hat: **„ICH WILL meine Gemeinde bauen." Und niemand kann Ihn davon abhalten.**

Originaltitel:
„It is Christ, Who Builds His Church" – von Joji T. Samuel

Weitere Artikel von CFC-Autoren, die kostenlos heruntergeladen werden können, findest du auf der Webseite
https://deutsch.cfcindia.com

Christian Fellowship Church (CFC)

Die Gemeinde von Gläubigen, die sich heute unter dem Namen „Christian Fellowship Church" versammelt, begann im August 1975 in Bangalore, als sich einige Familien zum ersten Mal trafen und sich entschieden, zuerst selbst Jünger des Herrn Jesus Christus zu sein und dann im Gehorsam gegenüber dem Auftrag des Herrn in *Matthäus 28,18-20* Menschen zu Jüngern zu machen. Sie betonen besonders die Neugeburt, innere Heiligkeit, gegenseitige Liebe, moralische Reinheit, finanzielle Integrität und das Weitergeben der Wahrheit Gottes an andere. Dabei gründen sie jeden Aspekt ihres Lebens allein auf Gottes Wort.

CFC ist organisatorisch mit keiner anderen Gruppe oder Kirche verbunden. In unserem Glauben sind wir evangelikal und nehmen alle, die Glieder am weltweiten Leib Christi sind, mit Freuden auf.

Weitere Informationen über CFC sowie zahlreiche Artikel, Bücher, Audio-Bibelstudien und Video-Predigten, die alle kostenlos heruntergeladen werden können, findest du auf den folgenden Webseiten/YouTube-Kanälen:

www.cfcindia.com (englisch)

https://deutsch.cfcindia.com

https://lies-das-evangelium.de

Auf YouTube:

„CFC India" und „CFC Deutsch"

Bücher von Zac und Annie Poonen

Von Zac Poonen:

Die höchsten Prioritäten
Gottes Willen finden
Sex, Liebe und Ehe
Gesucht – Männer Gottes
Schönheit statt Asche
Ein Leib in Christus
Leben wie Jesus gelebt hat
Geheimnisse des Sieges
Gottes Anerkennung finden
Erstaunliche Tatsachen
Gottzentriertes Gebet
Ein gutes Fundament
Der Herr und seine Gemeinde
Neuer Wein in neuen
  Schläuchen

Erkenne deinen Feind
Der finale Triumph
Die echte Wahrheit
Der Diener des neuen Bundes
Das volle Evangelium
Gottes Wege erkennen
Prinzipien, Gott zu dienen
Ein geistlicher Leiter
Praktische Jüngerschaft
Wie Gott Versagen benutzt
Aus bescheidenen Anfängen
Ein himmlisches Zuhause
Fünfzig Kennzeichen von
  Pharisäern

Von Annie Poonen:

Gott schuf Mütter
Aus der Sicht eines Mädchens

Frau, warum weinst du?
Ermutigung für Mütter

Hinweis:

Die oben aufgelisteten Bücher von Zac und Annie Poonen sind im Internet bei verschiedenen Verlagen (*Amazon.de, Apple iTunes, Google Play, Neobooks, Weltbild, Thalia* u.a.) als **E-Book** – und einige Titel inzwischen auch als **Taschenbuch** – erhältlich.